AF483051

LE GÉNIE

DE LA FRANCE,

OU

LA FÉTE

DE LA SOUVERAINETÉ;

HIÉRO-DRAME RÉPUBLICAIN,

Mêlé de Chants et de Danses,

EN UN ACTE.

Paroles du citoyen D. C., Professeur à l'École centrale du département de la Gironde,

Musique du Citoyen BECK, Membre de l'Institut national,

Ballets du Citoyen HUS le jeune.

A BORDEAUX, de l'Imprimerie de la V.e Lacourt et Faye aîné, rue du Cahernan, n° 42,

PERSONNAGES.

LES CITOYENS

Un Représentant du Peuple,	*Colin.*
Un Guerrier,	*Donat.*
Un Villageois,	*Fusier.*
Un Habitant des Villes,	*Desforges.*
Le Génie de la France,	*Fourès.*
Minerve,	C^ne. *Cazal.*
Le Chef des Bardes,	*Beauval.*
Le Dieu des Combats.	

Les Chœurs et Groupes composés de Bardes, de Guerriers, de Représentans du Peuple, Villageois, Habitans des Villes, Citoyens et Citoyennes de tout âge.

LE GÉNIE

DE LA FRANCE,

OU

LA FÊTE DE LA SOUVERAINETÉ;

HIÉRO-DRAME RÉPUBLICAIN.

SCÈNE PREMIÈRE.

Le théâtre représente un site agréable. — On aperçoit dans le fond différentes collines, et à leur pied un Arc de triomphe, sur le Frontispice duquel on lit cette inscription : — *Souveraineté du Peuple.* A droite des spectateurs, est l'entrée d'un édifice majestueux ; *c'est le Palais national.* —- A gauche, est un bosquet élégamment décoré, et destiné à recevoir le buste de *J. J. Rousseau,* cet immortel génie qui, le premier, proclama la souveraineté des Nations. --- Le piédestal est tout posé, et dans son cadre est gravée, en lettres de feu, l'Épigraphe suivante : *à l'Auteur du Contrat Social.* --- Au lever du rideau, un Chœur de Bardes est en scène, leur Chef au milieu d'eux.

Le Chef des Bardes.

Oui, Bardes, vous verrez, dans cette auguste enceinte,
Du Peuple souverain les soutiens les plus chers ;
Allons, chantez sa gloire et la liberté sainte,
Que de sa main chérie attend tout l'Univers.

Chœur des Bardes.

Si du Peuple Français l'immortelle victoire
Dût jamais retentir au temple des Héros ;
Si les beaux Arts, unissant leurs travaux,
Doivent chanter sa gloire,
C'est sur-tout en ce jour, où, du plus beau des droits,
Nous célébrons la jouissance,
Et que le vœu de la reconnoissance
A consacré dans le Code des Lois.

SCÈNE II.

Après ce Chœur, paroît dans le lointain un groupe de Français de tout sexe et de tout âge. Au milieu de ce groupe, flotte une bannière ornée de cette inscription : *gloire au Peuple souverain.* Vient ensuite un autre groupe, dans lequel on remarque deux Représentans du Peuple, soutenant, chacun de leur côté, le buste de J. J. ROUSSEAU, que l'on va déposer sur le piédestal qui lui est préparé. Derrière ce buste, marchent plusieurs jeunes mères, allaitant elles - mêmes leurs enfans, Au milieu de ce second groupe, brille une bannière, dont la devise est ainsi conçue, *Ami de la nature ; c'est lui qui le premier proclama la souveraineté des Nations.*

Cette marche est couronnée par un troisième groupe entièrement composé de Guerriers français, au milieu desquels on distingue les bannières de nos principales Armées, surtout de celles *d'Angleterre, d'Allemagne, d'Italie, d'Égypte et d'Orient.* --- Tous les personnages une fois rangés en scène, l'orcheste joue le *chant du départ*, et un Représentant du Peuple chante le premier couplet du *chant de la Souveraineté.*

DES lauriers les plus beaux couronnez votre tête,
    Généreux enfans des Gaulois !
Voici le jour sacré, voici l'auguste fête
    De vos triomphes sur les rois.
      Oui, c'est aujourd'hui que la France
      Doit faire éclater sa splendeur,
      Et, de sa suprême puissance,
      Au peuple annoncer la grandeur.....

La République est ton ouvrage,
Gloire à toi, Peuple souverain !
L'homme avoit fondé l'esclavage ;
Les Dieux l'ont détruit par ta main.

Le Chœur.

(On danse en même temps.)

La République est ton ouvrage,
Gloire à toi, Peuple souverain !
L'homme avoit fondé l'esclavage ;
Les Dieux l'ont détruit par ta main.

SCÈNE III.

Entrée des Villageois et Villageoises, Bergers et Bergères.

Un Villageois.

Sous le toit qu'ont bâti nos modestes ancêtres,
Goûtons les transports les plus doux ;
Fortunés Villageois ! nos seigneurs et nos prêtres
Ont cessé de régner sur nous.
Le Peuple a vu notre misère ;
Et, pour consoler nos douleurs,
Son bras a délivré la terre
Du fardeau de nos oppresseurs.

Le Chœur.

(On danse en même temps.)

La République est ton ouvrage ,
Gloire à toi , Peuple souverain !
L'homme avoit fondé l'esclavage ;
Les Dieux l'ont détruit par ta main.

Un Guerrier.

A nos voix , à nos chants , joignez votre alégresse ;
    Habitans des vastes cités !
Et que , par vos enfans , de la publique ivresse
    Tous les accens soient répétés.
    Si de l'antique tyrannie
    On ne voit plus les étendards ,
    Rendez grâce au puissant génie
    Qui sut affranchir vos remparts.

Le Chœur.

(On danse en même temps.)

La République est ton ouvrage ,
Gloire à toi , Peuple souverain !
L'homme avoit fondé l'esclavage ,
Les Dieux l'ont détruit par ta main.

SCÈNE IV.

Entrée des Habitans des Villes.

Un Citadin.

Parmi les Nations, le Français qu'on révère,
Est tel qu'entre les autres Dieux
On nous a point celui qui lance le tonnerre
Sur des titans audacieux.
Mais ces rois d'un troupeau d'esclaves,
Armés contre l'humanité,
Que sont-ils auprès de nos braves,
Combattant pour la liberté ?

Le Chœur.

(On danse en même temps.)

La République est ton ouvrage,
Gloire à toi, Peuple souverain !
L'homme avoit fondé l'esclavage,
Les Dieux l'ont détruit par ta main.

Le Guerrier.

Méprisables tyrans ! qui, depuis tant d'années,
Cherchez à nous rendre des fers,
Frémissez, si, luttant contre nos destinées,
Vous troublez encor l'univers.
Croyez-moi, respectez la gloire
Qui repose aux camps des Français ;
Et ne forcez point la victoire
D'aller foudroyer vos palais.

Le Chœur.

La République est ton ouvrage ;
Gloire à toi, Peuple souverain !
L'homme avoit fondé l'esclavage,
Les Dieux l'ont détruit par ta main.

Le Représentant du Peuple.

Reviens, aimable paix ! par ta douce influence ;
    Affermis l'empire des Lois.
Beaux arts, ne soyez plus exilés de la France ;
    Muses ! rentrez dans tous vos droits.
    Et vous, lorsqu'enfin la patrie
    Rappellera tous ses enfans,
    Soldats ! redoutez l'anarchie,
    Plus fatale que les tyrans.

Le Chœur.

(On danse en même temps.)

La République est ton ouvrage.
Gloire à toi, Peuple souverain !
L'homme avoit fondé l'esclavage,
Les Dieux l'ont détruit par ta main.

Ces Couplets sont suivis d'un petit divertissement, qui, peu de temps après, est interrompu par un bruit d'orcheste et une espèce d'orage, annonçant l'arrivée de quelque divinité.

SCÈNE V.

Alors descend sur un nuage le Génie de la France ; il est accompagné de Minerve et du Dieu des combats : après avoir reçu tous les hommages qu'on s'empresse de leur rendre, Minerve descend vers le bord de la scène, avec le Génie de la France. On fait cercle autour d'eux ; et ils chantent successivement les différens couplets de l'Hymne des élections.

Le Génie de la France, *seul.*

LE jour auguste qui va luire,
Vous appelle à de nouveaux choix.
Français, en exerçant vos droits,
Que la sagesse vous inspire !
Sachez, pour votre liberté,
Repousser, d'une main hardie,
Les amis de la royauté,
Et les enfans de l'anarchie.

Le Chœur.

Sachons, pour notre liberté,
Repousser, d'une main hardie,
Les amis de la royauté,
Et les enfans de l'anarchie.

Minerve *seule.*

D'une cruelle expérience ,
Retirez au moins quelques fruits ;
Et , par de longs malheurs instruits ,
Républicains ! sauvez la France.
Sachez , pour votre liberté ,
Repousser , d'une main hardie ,
Les amis de la royauté ,
Et les enfans de l'anarchie.

Le Chœur.

Sachons , &c........

Le Génie *seul.*

Des ennemis de votre gloire
Tous les agens vont s'agiter ;
Hâtez-vous de leur résister ,
Et consommez votre victoire.
Sachez , pour votre liberté ,
Repousser , d'une main hardie ,
Les amis de la royauté ,
Et les enfans de l'anarchie.

Le Chœur.

Sachons , &c........

Minerve *seule.*

L'homme digne de vos suffrages ,
C'est sur-tout l'homme vertueux ,
Qui , d'un pas ferme et courageux ,
A traversé tous les orages.

Pour lui, pour votre liberté,
Repoussez, d'une main hardie,
Les amis de la royauté,
Et les enfans de l'anarchie.

Le Chœur.

Sachons, &c........

Le Génie *seul*.

Au sein de leurs Dieux domestiques,
Cherchez les mœurs et les talens.
Ce sont eux qui, dans tous les temps,
Ont fait fleurir les Républiques.
Pour eux, pour votre liberté,
Repoussez, d'une main hardie,
Les amis de la royauté,
Et les enfans de l'anarchie.

Le Chœur.

Sachons, pour notre liberté,
Repousser, d'une main hardie,
Les amis de la royauté,
Et les enfans de l'anarchie.

Le divertissement recommence. Vers la fin de la danse, on chante le Chœur suivant.

Chœur.

Présent des Dieux ! Délices des Français !
O Liberté ! veille sur ton empire,
Et, sur nous versant tes bienfaits,
Obtiens enfin du Ciel que le monde respire
Sous l'abri sacré de la Paix.

Le chef des Bardes.

Astre immortel ! digne de notre amour,
O toi qui , parcourant l'un et l'autre hémisphère ,
Chaque jour à nos yeux ramènes la lumière,
    Et nous la ravis chaque jour ;
    Soleil ! dans ta carrière immense ,
Du Peuple souverain admire la splendeur ;
Et puisses-tu ne voir , au-delà de la France ,
    Rien qui la surpasse en grandeur !

Vive la République !

F I N.

A R R Ê T É

DE L'ADMINISTRATION CENTRALE

DU DÉPARTEMENT

DE LA GIRONDE,

Du 17 Ventôse an 7.

L'ADMINISTRATION centrale du Département de la Gironde ,

Considérant que le projet de la Fête-Lyrique présenté par le Professeur de Belles-Lettres à l'École centrale , remplit parfaitement ses vues pour concourir à la célébration de la Fête de la souveraineté du Peuple, au 3o Ventôse,

Arréte, ouï le Commissaire du Directoire exécutif :

Art. I.er Le présent Projet demeure approuvé pour être exécuté sur le grand Théâtre de cette Commune, le 3o Ventôse courant.

Art. II. Le présent Projet sera imprimé, et envoyé au Bureau central, avec le présent Arrêté, pour être mis à exécution.

Délibéré en séance de l'Administration centrale du Département de la Gironde, à Bordeaux, le 17 Ventôse an 7 de la République française, une et indivisible.

PARTARRIEU-LAFOSSE, *Président.*

BRUN,
JOURNU-AUBERT,   *Administ.*
MONBALON,
GUIBBAUD,

LAHARY, *Commiss. du Direc. exéc.*

Pacès, *secrétaire en chef.*